Español
Geografía

Tipos de mapas

por Mary Dodson Wade

Consultora
Jeanne Clidas, Ph.D.
Consultora nacional de la lectura
y
Profesora de lectura, SUNY Brockport

Traductora
Eida DelRisco

Children's Press®
Una división de Scholastic Inc.
Nueva York   Toronto   Londres   Auckland   Sydney
Ciudad de México   Nueva Delhi   Hong Kong
Danbury, Connecticut

Diseñador: Herman Adler Design
Investigadora fotográfica: Caroline Anderson
La ilustración de la cubierta muestra cuatro tipos de mapas diferentes. En sentido de las manecillas del reloj, partiendo de la esquina superior izquierda, aparecen: un mapa de carreteras, un mapa del tiempo, un mapa industrial y un mapa de elevaciones del terreno.

Información de Publicación de la Biblioteca del Congreso de los EE.UU.

Wade, Mary Dodson.
 [Types of maps. Spanish]
 Tipos de mapas / por Mary Dodson Wade, consultora, Jeanne Clidas; traductora, Eida DelRisco.
    p. cm. – (Rookie español geografía)
 Incluye un índice.
 ISBN 0-516-25243-7 (lib. bdg.)   0-516-25044-2 (pbk.)
 1. Mapas– Literatura juvenil. I. Título. II. Series.
 GA105.6.W3418 2005
 612–dc22
                                        2004021469

¿Sabías que existen
muchos tipos diferentes
de mapas?

Un mapa puede enseñarte cómo ir a un lugar que quieres visitar. También puede mostrarte lo que podrías encontrar al llegar.

Los mapas de carreteras
ayudan a los conductores
a encontrar su camino.

Los mapas de carreteras
tienen líneas que equivalen
a caminos y carreteras.

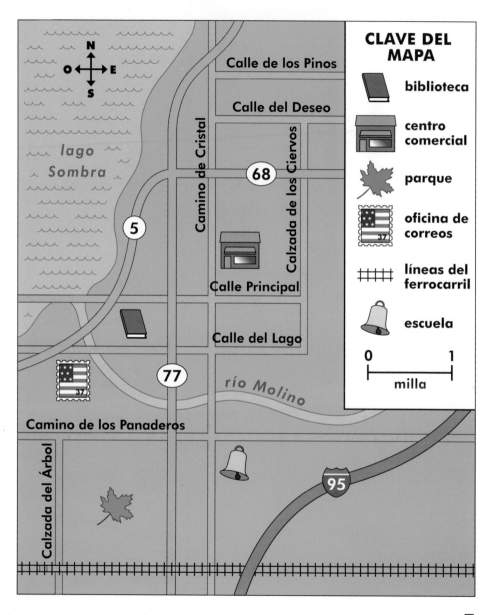

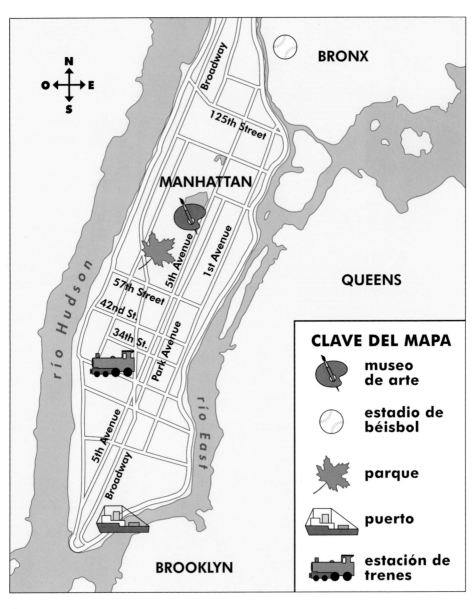

BRONX

MANHATTAN

QUEENS

Broadway

125th Street

5th Avenue

1st Avenue

57th Street

42nd St.

34th St.

Park Avenue

río Hudson

río East

5th Avenue

Broadway

BROOKLYN

N
O ← → E
S

CLAVE DEL MAPA

museo
de arte

estadio de
béisbol

parque

puerto

estación de
trenes

Los mapas de ciudades
ayudan a la gente a
encontrar su camino
en la ciudad.

Este mapa muestra la
ciudad de Nueva York.
¿Puedes señalar dónde
están el museo de arte
y el estadio de béisbol?

Los mapas del mundo
o mapamundis muestran
el mundo entero.

En este mapa, el verde es
el color de la tierra. El
azul es el color de los
océanos, ríos y lagos.

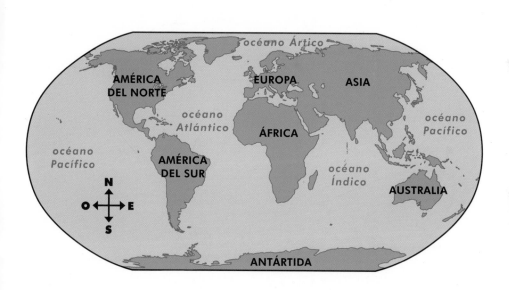

11

Un mapa de Estados Unidos muestra las divisiones entre un estado y otro.

La mayoría de los estados tienen fronteras con otros estados. Hay dos estados que no tienen fronteras con otros estados.
¿Cuáles son?

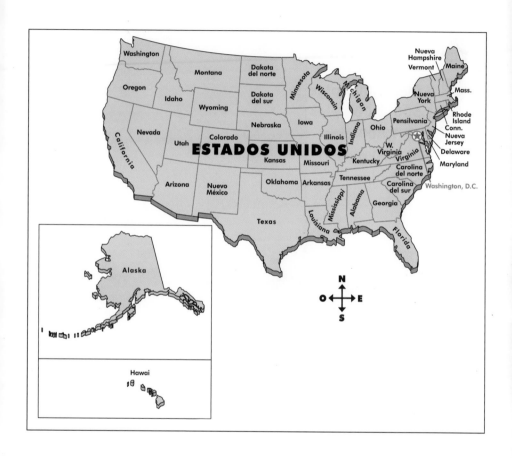

ESTADOS UNIDOS

Washington
Oregon
Idaho
Montana
Dakota del norte
Dakota del sur
Minnesota
Wisconsin
Michigan
Nueva Hampshire
Vermont
Maine
Mass.
Nevada
Wyoming
Nebraska
Iowa
Nueva York
Rhode Island
California
Utah
Colorado
Illinois
Indiana
Ohio
Pensilvania
Conn.
Nueva Jersey
Arizona
Nuevo México
Kansas
Missouri
Kentucky
W. Virginia
Virginia
Delaware
Maryland
Oklahoma
Arkansas
Tennessee
Carolina del norte
Carolina del sur
Washington, D.C.
Texas
Louisiana
Mississippi
Alabama
Georgia
Florida

Alaska

Hawai

N
O   E
S

15

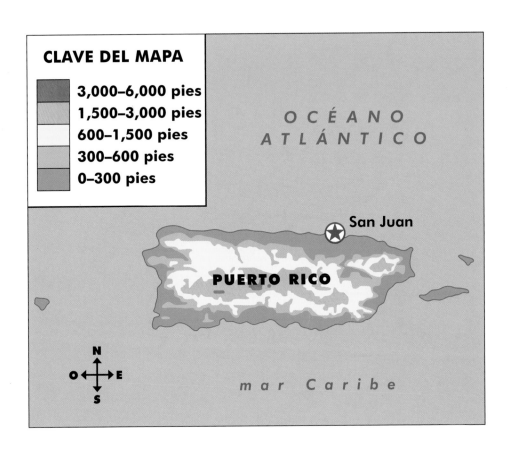

CLAVE DEL MAPA

- 3,000–6,000 pies
- 1,500–3,000 pies
- 600–1,500 pies
- 300–600 pies
- 0–300 pies

OCÉANO
ATLÁNTICO

San Juan

PUERTO RICO

mar Caribe

N
O ← → E
S

16

Algunos mapas se llaman mapas de elevaciones. Utilizan colores para mostrar sitios altos y bajos.

En este mapa, los sitios bajos son verdes. Los sitios altos son amarillos. Los sitios muy altos son de color café.

A veces, en los mapas, se dibujan edificios importantes.

La Casa Blanca

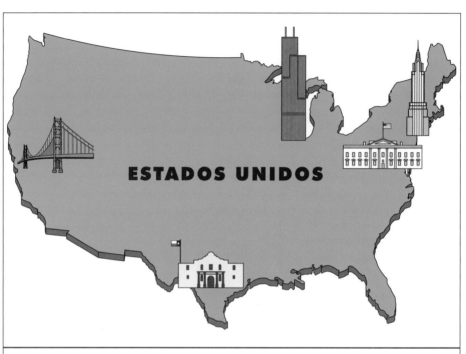

ESTADOS UNIDOS

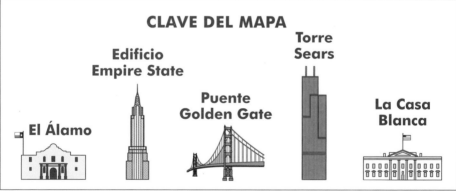

CLAVE DEL MAPA

Torre Sears

Edificio Empire State

Puente Golden Gate

La Casa Blanca

El Álamo

20

La Casa Blanca está en Washington D.C.

El edificio Empire State está en la ciudad de Nueva York.

El Álamo está en San Antonio, Texas.

¿Puedes señalar estos edificios en el mapa?

Los mapas a veces muestran dónde viven los animales. ¿Puedes nombrar los animales que ves aquí?

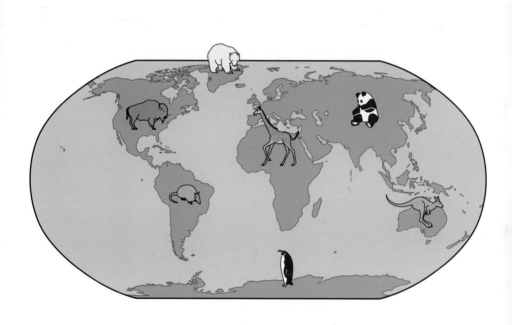

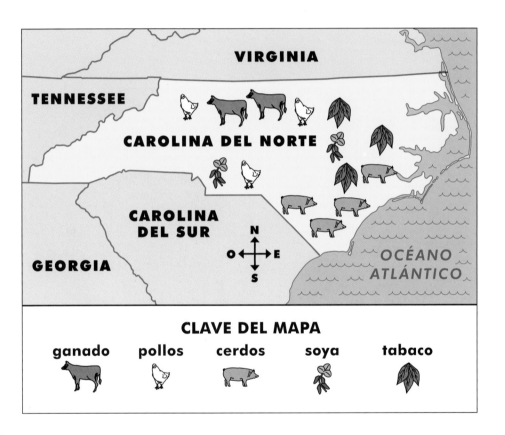

VIRGINIA

TENNESSEE

CAROLINA DEL NORTE

CAROLINA
DEL SUR

GEORGIA

OCÉANO
ATLÁNTICO

N
O ← → E
S

CLAVE DEL MAPA

| ganado | pollos | cerdos | soya | tabaco |

Los mapas pueden mostrar dónde se cultivan los diferentes alimentos. Un mapa puede tener dibujos de frijoles de soya, pollos y vacas.

Algunos mapas muestran
cosas que ocurrieron
en tiempos pasados.

Este mapa muestra la ruta
seguida por dos exploradores
en su viaje hacia el oeste.
Los exploradores son
personas que viajan a
lugares nuevos.

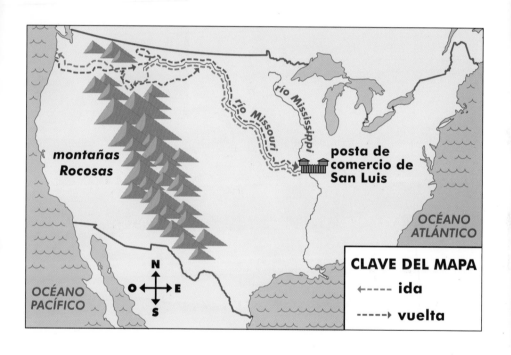

Hay muchos tipos de mapas diferentes.

¿Cuál usarás la próxima vez que quieras saber acerca de un lugar?

Palabras que sabes

mapa de ciudad

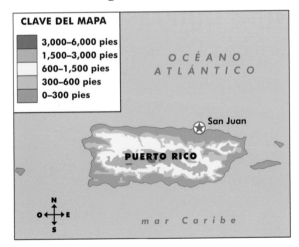

mapa de elevaciones

30

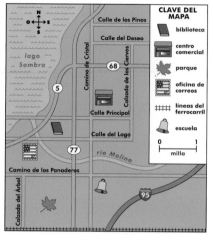

mapa de carreteras

mapa de Estados Unidos

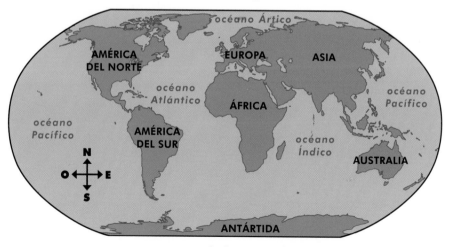

mapa del mundo

Índice

Acerca de la autora

Mary Dodson Wade fue maestra de primaria durante 25 años, pero escribe desde que era niña. Tiene más de 20 libros publicados. Mary y su esposo viven en Houston, Texas, y les encanta viajar.

Créditos de las fotografías

Fotografías © 2005: Corbis Images/Richard Ransier: 3; Peter Arnold Inc./Martha Cooper: 12; Photo Researchers, NY: 28 (Grantpix), 4 (Larry L. Miller), 19 (Joe Sohm).

Mapas por XNR Productions

1 3/06
5 11/09 (8/10)